그림으로 보는
세계의
놀라운 건축물

어쩌면 한 번도
들어보지 못했을
아주 놀라운 건물들

피터 알렌 지음
한성희 옮김 | 박재연 감수

차례

- 4 시작하는 글
- 6 유럽의 신석기시대 유적
  유럽, 기원전 4000~2000년
- 8 우르의 지구라트
  이라크, 기원전 2100년
- 10 메로에 피라미드
  수단, 기원전 800년 - 서기 100년
- 12 산시성 현공사
  중국, 491년
- 14 아야 소피아
  튀르키예, 537년
- 16 안제교
  중국, 595 - 605년
- 18 호류사
  일본, 607년
- 20 이스파한의 자메 모스크
  이란, 771 - 1997년
- 22 찬드 바오리
  인도, 800년
- 24 샤르트르 대성당
  프랑스, 1194 - 1220년
- 26 보르군드 목조 교회
  노르웨이, 1200년경
- 28 성 조지 교회
  에티오피아, 1200년경
- 30 두칼레 궁전
  이탈리아, 1340 - 1424년
- 32 징게레베르 모스크
  말리, 1327년
- 34 아유타야
  태국, 1350 - 1767년
- 36 리틀 모튼 홀
  영국, 1504 - 1610년
- 38 전통적인 일본 건축
- 40 키지 포고스트
  러시아, 1714년
- 42 알제의 카스바
  알제리, 17 - 18세기
- 44 수원화성
  한국, 1794 - 1796년
- 46 브라이턴 파빌리온
  영국, 1787 - 1823년
- 48 노이슈반슈타인 성
  독일, 1869 - 1892년

50 와카 족장의 집
캐나다, 1890년경

52 까사 바트요
스페인, 1904-1906년

54 타틀린의 탑
러시아, 1919년

56 다르 알 하자르 궁전
예멘, 1920년

58 리트펠트 슈뢰더 하우스
네덜란드, 1924년

60 만국박람회

62 멕시코의 대학도시
멕시코, 1949 - 1952년

64 쿠바 국립예술학교
쿠바, 1961-1965년

66 시 랜치
미국, 1963 – 1965년

68 다카르 국제무역박람회장
세네갈, 1975년

70 생활을 위한 새로운 모델

72 훈데르트바서 하우스
오스트리아, 1983 – 1985년

74 구겐하임 빌바오 미술관
스페인, 1991 – 1997년

76 베를린 유대인 박물관
독일, 1992 – 1999년

78 예배를 위한 새로운 모델

80 공항 건축

82 SGAE 본부
스페인, 2008년

84 은신처

86 건축 용어와 양식 설명
88 찾아보기

시작하는 글

> 건축은 시간과 장소를 말하는 동시에,
> 시대를 초월하는 것이어야 합니다.
> — 프랭크 게리

수천 년 동안 인간은
돌이나 벽돌을 쌓거나 나무를 한데 묶어서
건축물을 만든 다음에 그 안에서 살고 일하고
신에게 기도했습니다.

건축물에는 배경이 된 역사와 문화,
세워진 곳의 풍경과 환경,
건축물을 설계하거나 세운 사람에
관한 이야기가 담겨 있어요.

건축이란 복잡한 것이라, 이런 이야기도
때론 복잡합니다. 건축물이 무너지지 않도록
지으려면 구조 역학을 이해해야 하죠.
어떤 재료와 기술을 사용해서 지을 수
있는지도 알아야 해요.
사람들이 공간을 어떻게 사용하고 싶은지도
파악해야 하고요. 돈도 필요한데,
종종 꽤 많은 돈이 들기도 해요.
마지막으로 공간의 안과 밖이 어떻게 보일지,
자신만의 독특한 특징을 건축물에 어떻게
담을지 등에 대한 비전이 있는 편이 좋아요.

이 책에 나오는 건축물들은 놀라운 이야기를 간직하고 있습니다.
이집트의 피라미드나 에펠탑처럼 모든 사람이
아는 건축물은 피하려고 했어요.
대신에 역사적으로는 덜 알려졌지만
건축물 외관이나 설계 방식에서 새로운 분야를 개척한
건축물들을 골랐습니다.
예를 들어, 이 책을 통해 여러분은 에티오피아 산속에
새로운 예루살렘을 세워야만 한다고 믿고,
바위에 대성당을 조각한 왕의 이야기를 만나게 될 거예요.
장장 1200년에 걸쳐 더해지고 꾸며진 이란의 모스크도
알게 될 테죠. 결국엔 세워지지 못했지만, 러시아 혁명의
정신과 어리석음이 담긴 어느 건축물 이야기도 있어요.
이처럼 독특한 모습의 건축물들은 대부분
흥미로운 뒷이야기를 지니고 있답니다.

이 책은 포괄적인 건축 입문서는 아니에요.
단지 다양한 종류의 건축물을 생각하고
이야기하기 위한 출발점일 뿐이죠.
지금 여러분이 앉아 있는 방을 예로 들어볼까요?
방에서 어떤 기분이 드나요? 창문이 있나요?
어떤 종류의 창문이죠? 어떤 경치가 보이나요?
여러분이 있는 건축물이 주변의 다른 건축물과
비슷한가요? 만약 다르다면 어떤 점이 독특한가요?
주변의 건축물을 유심히 살펴보다 보면
그 안에 담긴 이야기를 발견할 수 있을 거예요.
건축물의 이야기와 사람의 이야기는
밀접하게 얽혀 있기 때문이죠.

- 피터 알렌과 지기 하나오르

유럽의 신석기시대 유적

시기: 기원전 4000-2000년
장소: 북유럽

뉴그레인지 무덤
아일랜드, 기원전 3200년

무늬가 새겨진 돌 벽으로 둘러싸인 거대한 무덤이에요. 동지에 태양이 떠오르면 무덤 안쪽 방까지 빛으로 가득 채워져요.

신석기시대는 기원전 약 7000년~1700년까지 계속되었습니다.
글로 된 기록이 없기 때문에 알려진 바가 거의 없어요.
신비한 유적 몇 개가 남아 있는 전부죠.
유적은 주로 흙더미와 돌을 세워서 만든 무덤인데,
돌은 아마도 종교의식의 일부였던 것 같아요.

카르나크 열석
프랑스, 기원전 3300년

3천 개가 넘는 돌들이 4킬로미터에 걸쳐서 11줄이나 늘어서 있어요. 어떤 돌은 높이가 4미터나 돼요. 양쪽 끝에는 거대한 돌을 둥글게 줄지어 세워 놓았어요.

*열석 : 거대한 돌 기념물들을 직렬로 세운 것

에이브버리 헨지
영국,
기원전 3000년~2400년

이곳은 커다란 돌로 빙 둘러싼 3개의 원이 있는 헨지둑과 도랑이란 뜻이랍니다. 아마도 종교의식과 축제, 시장 등이 열리는 지역의 중심지였던 것 같아요.

스카라 브레이
스코틀랜드, 기원전 3000년

멀리 떨어진 오크니 섬에는 유럽에서 가장 잘 보존된 신석기시대 마을이 있어요. 마을은 돌로 만든 집 8채로 이뤄졌는데, 단열을 위해서 땅속에 지었습니다. 집 안에는 돌로 만든 가구와 심지어 화장실도 있답니다.

우르의 지구라트

시기: 기원전 2100년
장소: 이라크의 디카르 주

지구라트는 4면으로 이뤄진 진흙 벽돌로 만든 계단식 피라미드입니다. 고대 메소포타미아의 신을 위한 신전으로 지어졌어요.
지구라트는 오늘날의 이란과 이라크 여기저기에 흩어져 있습니다. 우르의 지구라트는 그중에서도 가장 보존이 잘된 곳이죠.

우르의 지구라트는 우르남무 왕이 달의 신 난나Nanna를 기리기 위해 세운 신전으로, 대도시였던 우르 중심지에 있는 여러 신전 중 하나였어요. 길이 64미터, 높이 30미터인 지구라트는 몇 킬로미터나 떨어진 곳에서도 보였다고 해요. 도시의 부를 상징하는 건축물이었죠.

지금은 겨우 건축물의 토대만 남아 있지만, 원래 난나의 신전은 피라미드 꼭대기에 파란색 유약을 바른 벽돌로 장식된 채로 자리 잡고 있었을 것입니다. 고대 사람들은 신전에 신들이 살고 있다고 생각했기 때문에 난나의 신전에는 신이 잘 수 있는 방과 하인들이 신에게 바칠 음식을 준비하는 부엌이 있었어요.

난나의 신전은 한 번 무너졌다가, 기원전 6세기에 다시 세워졌어요. 그다음에 한 번 더 버려져서 1920년대에 유적이 발굴될 때까지 잊혔었지요. 그리고 마침내 1980년대에 다시 복구되었습니다.

메로에 피라미드

시기: 기원전 800년~서기 100년
장소: 수단 북동부

나일강 동쪽의 수단 사막에는 200개가 넘는 고대 피라미드가 모여 있습니다.
바로 위대한 쿠시 왕국의 수도, 메로에의 유적이랍니다.

이렇게 화강암과 사암으로 만든 피라미드는 누비아 피라미드라고 불려요.

이집트 피라미드로부터 1천 년 후에 지어진 누비아 피라미드는 이집트 피라미드에 비해 바닥 폭이 더 좁고 경사가 더 가파릅니다. 높이는 6~30미터이고, 대체로 맨 아래쪽에 신전 구조물이 있어요.

누비아 피라미드는 1830년대에 발견된 이후 도굴꾼들에게 약탈당했어요. 도굴꾼들은 안에 든 보물을 훔치기 위해 많은 피라미드의 꼭대기를 부셨습니다.

피라미드는 미라로 만든 왕과 여왕, 귀족들의 무덤으로 쓰였습니다. 그들 곁에는 각종 보석과 다양한 물건들이 함께 묻혔죠. 이런 물건들은 지중해에서부터 아프리카 중심부까지 아주 넓은 영토를 자랑했던 쿠시제국에서 가져온 것이었습니다.

산시성 현공사

시기: 서기 491년
장소: 중국 산시성 지방

중력을 무시한 산시성의 사찰은
항산恒山 기슭에 있는
지상 76미터 높이의
절벽에 지어졌어요.
암벽을 끌로 파낸 자리에
참나무 대들보를 넣어서 고정했습니다.

전설에 따르면, 북위의 요연이란 스님이
주변으로부터 어떤 방해도 받지 않고
스님들이 명상할 수 있는 장소를
만들기 위해 혼자서 절을 지었다고 해요.

재미있는 점은 이곳이 하나의 종교가 아니라 유교, 도교, 불교의 3가지 종교와 관련된 사찰이란 사실입니다. 현공사 '하늘에 매달린 절'이란 뜻는 순례자들이 쉬어가던 중요한 장소로, 종교에 상관없이 모두를 맞이했던 곳이기 때문이에요. 그래서 절 곳곳에 세 종교의 조각상과 동상들이 흩어져 있답니다.

툭 튀어나온 절벽 가장자리가 비와 눈과 홍수로부터 사찰을 지켜준 덕분에, 몇 번의 보수와 증축을 제외하곤 원래 구조가 대부분 보존되어 있어요.

아야 소피아

시기: 서기 537년
장소: 튀르키예의 이스탄불
(예전의 콘스탄티노플)

아야 소피아 그리스어로 '신성한 지혜'란 뜻는 로마제국의 동쪽을 차지했던 비잔틴제국의 수도, 콘스탄티노플 중심에 위치한 대성당이었어요. 불과 6년 만에 완공된 아야 소피아는 수백 년 동안 세계에서 가장 큰 건축물이었답니다.

지름이 약 33미터인 커다란 반구형 모양의 돔 지붕이 특징이죠. 강철로 보강하지 않고 이 정도 크기의 돔을 만든 건축기술은 여전히 경이롭게 여겨지고 있어요.

건축물 안은 황금 모자이크와 비잔틴제국으로부터 멀리 떨어진 곳에서 가져온 보물들로 장식되어 있어요. 시리아에서 대리석을, 그리스에서 둥근기둥을, 이집트에서 돌을 가져왔습니다.

건축물은 1453년까지 성당으로 쓰였어요. 이후 오스만제국이 콘스탄티노플을 점령한 후에는 뾰족한 첨탑을 세우는 등, 기존의 건축물을 변형시켜 이슬람 사원인 모스크로 바꿨습니다.

아야 소피아는 그 후 수많은 건축물에 영향을 끼쳤습니다. 최근까지 박물관으로 쓰였지만, 지금은 다시 사원이 되었어요.

안제교

시기: 서기 595년~605년
장소: 중국의 하북성 지방

안제교 '안전한 연결 다리'란 뜻는 막강한 국력을 자랑했던 수나라 시대에 지어진 다리입니다. 샤오 강을 가로지르며, 중국 전역에 있는 중요한 통상로를 연결했습니다.

이 다리는 이춘이라는 장인이 설계했어요. 그때까지만 해도 다리는 주로 반원형의 아치 하나로만 만들어졌는데, 이춘이 설계한 방식은 아주 기발했습니다. 양쪽에 있는 2개의 작은 아치가 가운데 있는 아치를 받쳐줬거든요.

기발한 설계 덕분에 아치가 그전보다 가파르지 않아서 쉽게 다리를 건너갈 수 있었어요. 또한 건축 자재를 40퍼센트나 덜 사용하게 되어 다리를 더 가볍게 만들 수 있었죠.

가운데 아치는 28개의 얇고 구부러진 석회 석판을 강철못으로 연결해서 만들었어요. 이렇게 하면 부분적으로 수리할 수 있어서 아치 일부가 부서지더라도 무너지지 않아요.

홍수가 나면, 물이 작은 아치로 빠져나가서 각각의 아치가 받는 부담이 줄어들어요.

안제교는 여덟 번의 전쟁과 열 번의 홍수, 여러 번의 지진을 겪었지만 1400년이 지난 지금까지도 굳건히 서있습니다. 세계에서 가장 오래된 아치형 돌다리죠.

호류사 호류지 절

시기: 서기 607년
장소: 일본의 간사이 지방

호류사에는 세계에서 가장 오래된 목조 건축물인 5층 탑을 포함해 26개의 목조 건축물이 있습니다.

이 절은 중국에서 일본으로 불교를 전파한 쇼토쿠 태자가 세웠어요. 건축물을 지을 때 사용된 전통적인 중국 건축 기법은 이후 간사이 지방에서 보편적인 방식으로 사용되었습니다.

호류사는 질병을 치료하는 부처인 약사여래를 모시는 절이에요. 약사여래의 뼛조각이 탑의 아랫부분에 보관되어 있다고 합니다.

화려하게 장식한 건축물은 그 시대의 대표적인 특징이랍니다. 아름답게 용을 새긴 목조 받침대가 무거운 기와 지붕을 받치고 있어요.

건축물들은 2개의 계단식 기단집터보다 한층 높게 쌓은 단 위에 세워졌습니다. 그중 많은 건축물에서 조금씩 구부러지고 점점 가늘어지는 모양의 기둥이 특징적으로 나타나요. 이로 인해 밀리서 보면 기둥들이 완전히 일직선으로 서 있는 듯 보인답니다.

이스파한의 자메 모스크

시기: 서기 771년~1997년
장소: 이란의 이스파한

1200년 동안 지어진 거대한 자메 모스크는 이슬람 건축이 시대에 따라 어떻게 발달했는지를 보여주고 있어요.

자메 모스크는 11세기에 셀주크 투르크족에 의해 이전의 모스크가 불타버린 자리에 세워졌습니다. 셀주크 투르크족은 이스파한을 수도로 정하고, 이완이 4개인 새로운 양식의 중앙 모스크를 건설했어요. 이완은 한쪽이 안뜰로 열리는 아치형 공간입니다. 4개의 이완 출입문을 서로 마주 보게 배치함으로써 그 가운데에 거대한 안뜰이 만들어졌어요.

안뜰은 4개의 출입문을 전부 열어둬서 보행자들이 활발하게 지나다닐 수 있도록 했어요. 지역 주민들은 그곳에서 장사를 하고, 교류를 하거나, 예배를 보기도 했어요. 한마디로 시내 한복판 중심지였답니다.

셀주크제국 이후에 자메 모스크는 여러 명의 페르시아 통치자가 꾸미고 증축해서 2만 제곱미터 이상의 면적을 차지하게 되었습니다. 모스크의 내부 장식은 시대에 따라 달라지는 이슬람 양식의 영향을 받았어요.

11세기에 만들어진 화려한 2개의 돔은 건축적으로 가장 주목할 만한 부분입니다. 이들 돔은 완벽한 비율과 균형을 위해 '리브 둥근 천장에 있는 갈빗대 모양의 뼈대를 이용한 이중 뼈대' 구조로 만들어졌어요. 이러한 이중 돔을 완성하기 위해서는 완전히 새로운 건축기술이 필요했고, 이 기술은 훗날 이슬람 전역에서 사용되었습니다.

찬드 바오리

시기: 서기 800년
장소: 인도의 라자스탄

'바오리'는 인도에서만 볼 수 있는 계단으로 둘러싸인 우물입니다. 라자스탄처럼 건조한 지역에 사는 주민들은 바오리에서 몸을 씻고 물을 마셨어요.

찬드 바오리는 인도에서 가장 크고 으리으리한 계단식 우물이에요. 니쿰바 왕조의 찬드라 왕이 지은 것으로, 커다란 우물의 3면 주위를 3,500개의 좁은 계단이 완벽한 대칭을 이루면서 놓여 있어요. 우물의 4번째 면에는 우아한 갤러리 지붕 있는 복도와 발코니가 있는 정교한 석조 별궁이 자리 잡고 있는데, 이는 수세기에 걸쳐서 더해진 것이랍니다.

시시각각 변화하는 빛과 그림자의 움직임 덕분에 계단이 마치 미로처럼 보여요.

계단은 지하 20미터 깊이까지 이어집니다. 덕분에 우물 바닥의 공기는 지상보다 약 6도 정도 낮아요. 우물은 사람들이 물을 마시고 목욕하는 장소일 뿐만 아니라, 뜨거운 한낮에 명상하고 기도하고 함께 어울리는 장소로 쓰이기도 했어요. 왕족들이 별궁에서 쉬는 동안에 평민들은 계단 아래쪽에 모였지요.

샤르트르 대성당

시기: 1194년~1220년
장소: 프랑스의 샤르트르

프랑스 북서부에 있는 샤르트르 대성당은 프랑스 고딕 건축을 잘 보여줍니다. 이런 건축 양식에서는 높이가 가장 중요해요. 멀리 떨어진 곳에서도 보이도록 우뚝 솟은 첨탑을 세움으로써 도시가 얼마나 신앙심 깊고 부유한 곳인지 세상에 드러내려는 거죠.

샤르트르 대성당은 플라잉 버트레스_{아치형 석조 버팀목}를 이용해서 높이 세웠어요. 플라잉 버트레스는 아주 높은 외벽에서부터 좀 멀리 떨어진 기둥까지 뻗어있는 아치입니다. 플라잉 버트레스가 높고 가느다란 건축물의 무게를 지탱해 준 덕분에 건축물 벽에 176개의 정교한 스테인드글라스 창문을 설치해서 성당 안을 아주 멋진 빛으로 가득 채울 수 있었습니다.

대성당 곳곳에는 고딕 양식에서 선호하는 인상적인 자세를 취한 성경 속 인물들의 조각상 수백 개가 있어요.

샤르트르 대성당에서는 뾰족한 아치와 화려한 조각 장식을 포함해서 고딕 건축의 고전적인 특징을 많이 찾아볼 수 있습니다. 뿐만 아니라 성모 마리아가 입었던 옷 조각이 이곳에 보관되어 있다고 해요. 이러한 신성한 유물 덕분에 대성당은 오래전부터 지금까지도 기독교 순례자들의 방문이 끊이지 않는 명소가 되었습니다.

보르군드 목조 교회

시기: 약 1200년
장소: 노르웨이의 보르군드

목조 교회란 수직나무판자나 통나무판자로 벽을 만든 작은 교회를 뜻합니다. 중세시대, 나무가 많은 스칸디나비아(유럽 북부 지역) 주변의 시골 마을에는 목조 교회가 흔했어요. 대부분은 19세기에 부서져 석조 교회로 바뀌었지만, 아직 28채의 목조 교회가 노르웨이에 남아 있습니다.

보르군드의 작은 마을에 있는 교회는 가장 잘 보존된
목조 교회입니다. 튀어나온 지붕이 층층이 겹쳐 있고,
그 위에 작은 탑이 얹혀 있어요.
겹쳐진 지붕은 비와 눈으로부터 건축물을 보호해 주죠.

박공지붕책을 엎어 놓은 모양의 지붕에는 노르웨이 배에
달려 있는 것과 비슷한 용머리 조각상 4개가 있어요.
교회 입구에는 정교하게 조각한 꽃,
싸우는 뱀, 날아다니는 용이 있어요.

아마도 예전엔
교회 안쪽 소박한
공간에 다른 장식용
조각이 있었겠지만,
지금은 없어지거나 부서져
버렸어요. 교회 서쪽 벽에는 고대 룬문자로
쓰인 낙서가 몇 개 남아 있는데, 그중 하나에는
이렇게 적혀 있어요.
'토르북유럽 신화에 나오는 천둥의 신가
성 올라프의 저녁 미사 때 이 글을 쓰다.'

성 조지 교회 랄리벨라의 암굴 교회

시기: 약 1200년
장소: 에티오피아의 랄리벨라

성 조지 교회는 하나의 재료를 깎거나 주조^{녹인 쇠붙이를 거푸집에 부어 물건을 만드는 방법}해서 만드는 모놀리식 건축 기법을 잘 보여주는 곳으로, 화강암을 사용했어요.

전설에 따르면, 성 조지 교회는 랄리벨라 왕이 에티오피아 중앙에 있는 산에 새로운 예루살렘을 건설하라는 신의 계시를 받아서 지었다고 해요.

11개의 모놀리식 교회는 가운데를 지나가는 도랑과 함께 바위를 깎아서 만들었어요. 도랑은 요르단 강을 상징해요. '요르단 강' 한쪽은 지상에 있는 예루살렘을, 다른 쪽은 하늘에 있는 예루살렘을 뜻한답니다.

두칼레 궁전

시기: 1340년~1424년
장소: 이탈리아의 베니스

두칼레 궁전 또는 총독궁은 베니스에서 가장 눈에 띄는 건축물이랍니다. 두칼레 궁전은 통치자로 뽑힌 베니스의 도제(총독)가 머물던 곳이었어요.

또한 두칼레 궁전은 강력하고 부유한 베니스 공화국의 행정 중심지이기도 했죠.

건축물의 디자인에는 규칙적으로 반복되는 패턴이 있습니다. 큰 고딕 양식의 뾰족한 아치 위에 크기가 작은 뾰족한 아치가 놓여 있고, 그 위에 분홍색과 흰색 돌로 만든 정교한 패턴이 보여요. 맨 꼭대기에 있는 장식적인 요소는 밑에 있는 패턴을 돋보이게 하죠.

부피가 큰 상층부가 아래 기둥들 위에 떠 있는 것처럼 보여서, 건축물이 가볍다고 착각하게 돼요.

궁전의 화려한 정문, 포르타 델라 카르타는 지오바니와 바르톨로메오 본 형제가 설계한 것입니다.

포르타 델라 카르타는 '문서의 문'이란 뜻이에요. 새로운 법령이 선포되고 사람들이 관청에 진정서를 내는 곳이죠. 입구 위에는 저울을 들고 있는 정의의 여신상이 있습니다.

징게레베르 모스크

시기: 1327년
장소: 말리의 팀북투

징게레베르는 모스크이면서 팀북투 대학의 일부인 마드라사이슬람교의 고등 교육 시설이기도 합니다. 모스크는 거의 진흙으로 만들어졌어요. 어쩌면 지금까지 살았던 사람 중에서 가장 부유한 사람일지 모르는 무사 1세 황제가 모스크 건설을 명령했다고 전해집니다.

무사 1세 황제는 스페인계 이집트 시인 아부 에스 하크 에스 사헬리에게 황금 200킬로그램을 주며 모스크를 설계하라고 했습니다. 우아하고 자연스러운 건축물 안에는 피라미드 모양의 첨탑 2개와 안뜰 3개, 2천 명이 모일 수 있는 장소가 있답니다. 사헬리가 건축가의 도움을 받지 않고 혼자서 모든 건축물을 설계했을 것 같지는 않아요.

모스크를 짓는 데 사용된 벽돌은 발효된 진흙과 곡물 껍데기가 섞인 방코banco라는 재료로 만든 것입니다. 방코는 토탄이끼나 벼 같은 식물이 습한 땅에 쌓여 분해된 것처럼 땅에서 파내야 해요.

징게레베르 모스크가 지어졌을 때의 팀북투는 부유한 오아시스 마을이었지만, 오늘날은 가난과 사막화로 어려움을 겪고 있어요. 사막화는 사하라 사막이 기후변화 때문에 점점 넓어지는 현상이죠.

그런 이유로 점점 더 방코를 얻기가 힘들어지고 있어요. 게다가 부서지기 쉬운 진흙 건축물이다 보니, 사막화로 인한 가뭄과 갑작스러운 홍수 피해가 끊이지 않아 계속해서 보수해야 하죠. 때로는 모두가 진흙투성이가 되어 즐겁게 모스크를 보수하는 축제가 열리기도 해요!

아유타야

시기: 1350년~1767년
장소: 태국(예전의 샴왕국)

아유타야는 한때 강력했던 샴왕국의 수도였어요. 샴왕국(지금의 태국)은 인도와 중국의 중간에 있는 섬에 위치한 데다 3개의 강으로 둘러싸여 있었기에 동양에서 각종 물품이 운반되는 중요한 연결 지점이었습니다. 중국, 일본, 포르투갈, 페르시아, 영국처럼 먼 나라에서도 이곳을 찾아왔어요.

아유타야는 1767년에 버마 군대의 침략을 받아 잿더미가 되었지만, 남아 있는 유적은 과거에 웅장했던 도시를 보여주고 있어요. 이곳의 건축물은 주로 쩨디 chedi 와 쁘랑 prang 이라는 2가지 종류로 나뉘어요. 쩨디는 언덕처럼 봉긋 올라온 토대와 우아한 뾰족탑으로 구성되고, 가까운 메루산을 표현한 쁘랑은 좀 더 크고 옥수숫대처럼 생긴 구조물이랍니다.

18세기 초, 아유타야는 인구가 100만 명에 달하는 세계에서 가장 크고 국제적인 도시였어요. 운하가 많아서 '동양의 베니스'라고 알려졌죠.

왓 프라 시 산펫 사원은 굉장히 뾰족한 불탑이 3개 있는 쩨디 구조예요. 1350년에 세워진 이 사원은 한때 왕족의 불당으로 쓰였으며, 170킬로그램의 황금을 입힌 불상이 특징이죠.

왓 마하탓 사원은 정교한 조각이 새겨진 쁘랑 구조예요. 이곳에는 신성한 불교 유물이 있어요.

리틀 모튼 홀

시기: 1504년~1610년
장소: 영국의 체셔

리틀 모튼 홀은 정말로 기이한 영국 건축을 잘 보여줍니다. 모튼 가족은 흑사병 이후에 땅을 사서 부자가 되었는데, 새로 얻은 부를 자랑하려고 집을 지었어요. 당시 영국에서는 이미 르네상스 양식이 유행 중이었지만, 모튼 가족은 집의 목조 뼈대가 밖에서 보이는 중세시대의 '목재 골조' 양식을 선택했어요.

집의 정면인 파사드는 갈매기 모양과 마름모꼴 패턴이 있는 목재로 아주 잘 꾸며져 있습니다. 이런 건축 양식은 독일에서 흔히 쓰이는 것이었지만, 영국에는 그다지 많지 않았어요.

건축물의 모양도 아주 특이합니다. 건축물은 비대칭형 구조이며, 아래 두 층보다 툭 튀어나온 3층에는 그 길이만큼 쭉 이어진 기다란 통로가 있어요. 그래서 어떤 사람들은 이 집을 '좌초된 노아의 방주'라고 표현하기도 하죠.

집 안에는 복도가 거의 없어요. 방이 서로 연결되어
있어서 어떻게 쓰였는지 알기가 어려워요.
건축물은 아무 쓸모도 없는 해자성 주위에 둘러 판 못로
둘러싸여 있습니다.

사람들은 리틀 모튼 홀에 유령이 나온다고
생각했어요. 회색 옷을 입은 여인이 기다란
통로를 왔다 갔다 하고, 예배당에서는
어린 유령이 흑흑 우는소리가 들린다고 해요.

전통적인 일본 건축

전통적인 일본 건축물은 돌을 전혀 쓰지 않고 대부분 나무로 만들어요.
건축물은 땅에서 살짝 올라가 있고, 흔히 곡선형의 큰 지붕이 벽 너머까지
뻗어 있어서 그 밑에 그늘진 공간이 생기죠. 건축물 안에는 대개 벽이 아니라
밀어서 여는 장지방과 방 사이, 방과 마루 사이에 칸을 막아 끼우는 문가 있는
하나의 커다란 공간이 있어서 필요에 따라 공간을 나눌 수 있습니다.
건축물은 주변 환경을 세심하게 고려해서 자연환경에 맞게 설계됩니다.

신사

신사는 신성한 물건가미을 보관하는 데 쓰여요. 신사에는 보통 잘 꾸민
지붕과 건축물 주위를 감싸는 툇마루가 있어요. 가미는 '혼덴'이라는 신전에
보관해요. 오래된 신사에는 이따금 신사 옆이나 내부에 절이 있어요.

가쓰라 리큐 가쓰라 왕실 별장 1645년

주택, 신사, 다실로 이뤄진 가쓰라 리큐는 왕족이 머물던 별장으로써
전통적인 일본 건축물을 보여주는 대표적인 예입니다.
별장은 정교하게 꾸며진 정원 안에 위치하며, 안이 보이지 않는 담으로
둘러싸여 있어요. 이중바닥에는 '다다미'라는 돗자리가 깔려 있습니다.

일본의 찻집, 다실

일본의 다도는 선종에서 유래한 종교적인
의식입니다. 차를 마시는 예절을 통해
인내와 겸손과 배려를 깨닫기 위한 것이죠.
다실은 자연 속에 놓인 단순하고 수수한
건축물 안에서 차를 마시며 평화롭고 고요한
마음을 가질 수 있도록 설계되었습니다.

키지 포고스트

시기: 1714년
장소: 러시아의 카렐리아 공화국

멀리 떨어진 러시아 북부의 카렐리라 지역에 있는 오네가 호수 한가운데의 섬에는 3개의 목조 건축물과 2개의 교회와 종탑이 하나 있습니다. 이들 건축물은 한때 그 지역에서 흔했던 놀라운 목공 전통을 잘 보여줍니다. 돔과 지붕널을 제외하곤 못을 하나도 쓰지 않은 건축물들이죠.

그중에서 가장 놀라운 건축물은 예수변모교회입니다. 오래된 교회 자리에 지어진 예수변모교회는 다양한 크기와 모양을 지닌 22개의 돔이 특징이죠.

전설에 의하면, 도목수^{다른 목수들을 총괄하는 위치의 목수인} 현명한 장인이 도끼 하나로 건축물 전체를 지었다고 합니다. 장인은 건축물을 다 짓고 나서 호수에 도끼를 던지며 이렇게 말했습니다. '이 도끼에 맞먹을 수 있는 건 예전에도 없고 앞으로도 없을 거야.'

이 교회는 유럽에서 가장 오래된 목조 건축물이에요. 교회 안에는 나무 칸막이 벽에 종교 인물을 조각한 정교한 성화 벽이 있어요.

알제의 카스바

시기: 17세기~18세기
장소: 알제리의 알제

해안가의 비탈길을 따라 벽으로 둘러싸인 옛 거리, 알제 시에 있는 카스바는 하얀 건축물의 경사면이 지중해까지 이어지는 곳입니다. 도시는 10세기에 만들어졌지만, 지진으로 파괴되었어요. 오늘날 남아 있는 대부분은 오스만제국이 다스리던 시기에 지어진 것으로, 집뿐만 아니라 모스크와 궁전도 많습니다.

예전에 카스바는 부유한 칼리프_{이슬람교 통치자}와 해적들이 살던 곳이었어요. 1950년대와 1960년대에 카스바의 구불구불한 거리는 프랑스로부터의 독립을 위해 싸우는 반군들의 피신처였죠.

무스타파 파샤 궁전은 카스바에 있는 무어_{이베리아 반도와 북아프리카에 거주하던 이슬람계의 통칭} 궁전이에요. 웅장한 안뜰 주위에 세워진 이곳은 아치형 갤러리, 높은 기둥으로 받친 천장, 아름다운 타일 장식이 특징입니다. 1798년에 지어진 궁전은 프랑스 점령기에 파괴되지 않은 몇 안 되는 주요 건축물 중 하나랍니다.

수원화성

시기: 1794년~1796년
장소: 한국의 수원

돌과 벽돌로 만들어진 수원화성은 수원 시내를 둘러싸고 있는 성곽입니다. 화성 축조를 명령한 정조는 이곳을 군사적으로 매우 중요하게 생각했어요. 그는 정교한 방어요새인 동시에 새로운 군사, 행정상업 기능을 갖춘 일종의 계획도시를 조성하고자 했습니다.

성벽은 약 1.3제곱킬로미터의 지역을 둘러싸고 있어요. 수원화성에는 화살 발사 장치가 설치된 누각, 비밀 문, 높은 망루, 어마어마한 궁궐이 있어요.
또한 정조의 아버지 사도세자의 무덤도 수원에 있답니다. 사도세자는 친아버지인 영조에 의해 산 채로 뒤주에 갇혀 끔찍한 죽음을 맞았습니다.

정조는 실학운동을 이끈 정약용과 함께 수원화성을 세웠어요.
실학운동은 과학과 산업의 발전을 장려하고 유럽과 아시아의
최신 설계와 건축기술을 도입하는 데 큰 역할을 했어요.

복잡한 도르래 장치인 거중기는
성곽을 쌓는 데 쓰였어요. 거중기를 이용한
최첨단 건축공법은 이후 조선에서
오랜 세월 사용되었어요.

브라이턴 파빌리온

시기: 1787년~1823년
장소: 영국의 브라이턴

상상 속에 나올 것만 같은 돔과 뾰족한 첨탑이 있는 브라이턴의 로열 파빌리온은 어울리지 않게도 바닷가 마을 한가운데에 있어요.

'미친 왕'으로 알려진 조지 3세가 활기 넘치는 신도시 브라이턴에 '바닷가 별장'을 만들라고 명령한 것이 그 시작이었죠.

이후 조지 3세로부터 왕권을 물려받은 젊은 왕자는 건축가 존 내시에게 별장을 연회를 즐기는 궁전으로 바꾸라고 지시했어요. 내시는 인도와 중국 등지에서 들여오는 보물에 영감을 받아 돔이 여러 개인 건축물을 설계했어요. 그래서 이곳은 주변 건축물보다는 인도의 타지마할과 비슷한 점이 더 많아요.

건축물 안은 영국의 식민지 곳곳에서 가져온 이국적인 벽화와 호화로운 장식으로 꾸며졌어요. 연회장에는 무게 1톤이 넘는 거대한 샹들리에를 매달았고, 음악실 벽은 황금 비단으로 덮었어요. 반구형의 천장에는 금박을 입힌 조가비 수백 개를 빼곡히 박았답니다.

빅토리아 여왕은 저택과 선조들의 사치가 못마땅해서 1850년에 5만 파운드를 받고 브라이턴 시에 파빌리온을 팔았습니다.

노이슈반슈타인 성

시기: 1869년~1892년
장소: 독일의 바이에른

노이슈반슈타인새로운 백조의 바위 성은 전쟁에 시달리던 바이에른의 왕 루트비히 2세가 알프스 산기슭의 버려진 성터 위에 지은 것입니다.

단순한 시대가 그리웠던 루트비히는 다양한 건축양식을 합쳐서 중세시대의 기사 성을 만들었어요.

열렬한 오페라 팬이었던 루트비히는 친한 친구이자 작곡자인 리하르트 바그너를 기리기 위해 성을 지었어요.

루트비히는 비용을 아끼지 않았습니다. 방은 대리석과 벽화와 모자이크로 마무리했고, 동화에 나올 것만 같은 동굴인 그로토에는 화려하게 꾸민 백조 모양의 배가 떠다니는 인공운하를 만들었어요. 루트비히는 중세 양식으로 성을 짓되 철재, 전화선, 수세식 화장실, 중앙난방과 같은 19세기의 최신 기술을 써야 한다고 고집했죠.

공사비용이 걷잡을 수 없을 정도로 치솟자 정부가 반역을 일으켰습니다. 루트비히는 1886년에 알 수 없는 이유로 사망했는데, 그가 성에 묵었던 날은 모두 합쳐 11일에 불과했답니다. 공사가 끝난 방은 몇 개 안 되었고, 나머지 건축물은 그가 사망한 후에 더 간소한 형태로 완성되었습니다.

노이슈반슈타인 성을 어디선가 본 것 같다면, 아마도 디즈니가 이 성에서 영감을 받아서 만든 유명한 '잠자는 숲 속의 공주'에 나왔기 때문일 거예요. 루트비히가 상상했던 성은 계속 남아 있는 셈이죠!

와카 족장의 집

시기: 약 1890년
장소: 캐나다의 브리티시 컬럼비아주 얼러트 베이

18세기 후반에 유럽인들이 캐나다에 도착했을 때 가져온 천연두와 독감은 태평양 북서부의 원주민들이 살던 지역을 휩쓸었어요. 그런 질병은 특히 지역사회에서 존경받는 지도자였던 노인들에게 나쁜 영향을 끼쳤고, 그 결과 50년 만에 많은 문화와 전통은 물론, 심지어 언어마저 사라지고 말았습니다.

콰꿔껴왁(콰키우틀)족의 와카 족장은 사라지기 직전이었던 전통문화에 대한 긍지를 보여주는 집을 지었어요. 3천 년 가까이 원주민들이 사용해 온 판잣집 양식으로 세워진 집은 삼나무 판자가 겹쳐져 바람과 눈으로부터 보호됩니다.

집 앞에는 족장의 가족사를 상징하는 웅장한 토템 원주민 사회에서 신성시되는 상징물 기둥이 우뚝 서 있어요. 토템 기둥의 맨 위에는 하늘의 주인인 천둥새가 있고, 그다음에는 바다의 주인인 범고래가 있고, 그 밑으로는 늑대와 현명한 인간, 식인새와 곰이 있어요. 맨 밑에 있는 까마귀는 부리를 크게 벌리고 있는데 이는 집으로 들어가기 위해 의식을 치르는 입구랍니다.

까사 바트요

시기: 1904년~1906년
장소: 스페인의 바르셀로나

건축가인 안토니 가우디는 부유한 바트요 가족을 위해 바르셀로나 중심에 있는 집을 마음껏 새로 꾸몄어요.

가우디는 아주 독특한 방식으로 건축물을 만들곤 했어요. 그는 그림을 그리는 대신 모형을 사용해서 건축물을 설계했고, 도자기 타일과 스테인드글라스, 철제 부품과 다른 장식품들을 어떻게 건축물 디자인에 잘 어우를 수 있을지 신중히 생각하면서 세세한 것들까지 신경을 썼습니다.

그렇게 지어진 까사 바트요는 커다란 용의 뼈처럼 보여서, 뼈다귀 집이라는 뜻의 '까사 델 오소'로도 알려져 있어요. 벽에는 타원형의 창문이 둥그렇게 벌어져 있고, 발코니에는 뼈가 드러나 있습니다. 직선은 거의 없고, 집의 정면을 덮은 깨진 타일은 비늘처럼 잔물결 모양을 일으킵니다.

아치형과 뾰족한 지붕에는 가지각색의 모자이크 타일이 있어요. 지붕 한쪽 끝에는 성 조지가 용의 등에 깊숙이 찔러 넣은 칼을 표현한 작은 탑과 십자가가 있어요.

반대편 끝에 있는 작은 삼각형 창문은 용의 눈처럼 보여요.

가우디는 독실한 가톨릭 신자라서 성 조지의 이야기 같은 종교적인 소재를 자주 사용했습니다.

타틀린의 탑

시기: 1919년
장소: 러시아의 상트페테르부르크

블라디미르 타틀린이 철과 유리로 만들려던 기상천외한 탑은 어쩌면 이제껏 만들어진 적 없는 건축물 중에서 가장 유명한 건축물일 거예요. 타틀린의 탑은 옛 정권의 기념물을 러시아 혁명의 사상을 반영하는 새로운 기념물로 바꾸기 위한 계획의 일환으로써 구소련 초창기에 설계되었습니다.

건축가이자 화가인 타틀린은 에펠탑보다 두 배나 크고 붉은 철로 만든 거대한 구조물이 도시를 대표하는 네바 강을 가로지르면서, 60도 각도로 기울어진 채 나선형을 그리며 위로 쭉 뻗어 나가는 역동적인 모습을 상상했어요.

그가 상상한 구조물 안에는 유리로 만든
4개의 커다란 기하학적 공간인 정육면체,
각뿔, 원기둥, 반구가 있었어요.
이들 공간은 공산당을 선전하는
코민테른 사무실용이었죠.

기하학적 모양은 각각 다른 속도로 구조물
주위를 회전하도록 설계되었습니다.
정육면체는 회전하는 데 1년이 걸리고,
각뿔은 한 달이 걸리고, 원기둥은 하루가
걸리는 식이었죠. 이는 새로운 정부를
태양, 지구, 달에 비유하기 위한 것이었습니다.

이 디자인은 혁명의 취지와 근대성을
보여주려고 했습니다. 하지만 규모가
너무 크고 철이 부족해서 만들 수가 없었어요.
지금은 타틀린이 학생들과 함께 만든
나무 모형만이 사진으로 남아 있을 뿐이죠.

다르 알 하자르 궁전

시기: 1920년
장소: 예멘의 와디 다하르

이 환상적인 궁전은 18세기 건축물 위에 세워진 것입니다. 예멘의 종교 지도자인 이맘 야히아 무하마드 하미딘이 세운 궁전은 아주 커다란 과자 집처럼 생겼어요.

다르 알 하자르 궁전은 시끄럽고 복잡한 도시에서 벗어나 여름을 보낼 궁전으로 지어졌어요.

이 궁전은 밑에 있는 절벽과 똑같은 돌로 만들어져서, 어디까지가 바위고 어디서부터가 궁전인지 구분하기가 힘들어요. 궁전 안에는 복도와 계단과 방이 미로처럼 복잡하게 얽혀 있어요. 지금은 박물관으로 쓰이고 있는 다르 알 하자르 궁전은 예멘에서 가장 사랑받는 건축물이랍니다.

리트펠트 슈뢰더 하우스

시기: 1924년
장소: 네덜란드의 위트레흐트

젊은 시절 남편을 잃은 트뤼스 슈뢰더는 세 아이들과 함께 현대적이고 유연하게 살 수 있는 집을 원했어요. 슈뢰더는 젊은 가구 디자이너인 게리트 리트펠트에게 자신이 원하는 집을 지어달라고 부탁했어요. 그때까지만 해도 리트펠트는 건축물을 설계해 본 적이 한 번도 없었습니다.

리트펠트는 형태를 간소화하고자 했던 '데 스틸 De Stijl, 양식이란 뜻'이란 예술가 집단에서 활동했어요.

데 스틸은 기하학과 추상 요소, 3 원색을 이용해서 보편적으로 아름다운 디자인을 만들고자 했어요.

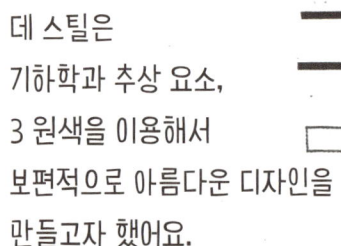

슈뢰더 저택의 주요 공간은 벽이 없어도 미닫이문과 회전판을 이용해서 개인 공간으로 나눌 수 있게 설계되었습니다.

빨강, 파랑, 노랑의 3 원색을 강조하여 기하학적인 디자인 요소가 두드러집니다.

집 바깥쪽은 서로 부드럽게 스치는 평면과 선으로 이뤄져 있으며, 면과 선이 만나는 지점에는 발코니가 있어요.

두 사람은 함께 일하면서 다른 건축물도 여러 채 지었지만, 슈뢰더는 건축가나 디자이너가 아니었기에 한 번도 업적을 인정받지 못했어요.

커다란 창문으로 바깥의 숲을 바라보면 숲에 있는 듯한 기분이 들었어요. 안타깝게도 나중에 숲이 없어지고 그 자리에 큰 도로가 생겼답니다.

만국박람회

산업혁명 이후, 과학 기술은 엄청나게 빠른 속도로 발전했습니다. 서양의 나라들은 자신들의 발전상을 보여주기 위해 국제 전시회를 열기 시작했어요. 이런 박람회는 몇 달 동안 계속되었으며, 당시 유행하던 급진적인 사상과 건축기술을 담은 건축물을 선보였습니다.

수정궁
영국의 런던, 1851년

공식적인 최초의 만국박람회는 런던에서 열린 '만국 산업제품 대박람회'였습니다. 판유리는 당시 새로운 발명품이었어요. 건축가인 조셉 팩스턴은 판유리를 아주 효과적으로 사용해 무쇠와 유리로 엄청나게 큰 궁전을 만들었습니다. 수정궁은 나중에 다른 곳으로 옮겨졌다가 1936년에 불에 타 사라졌습니다.

미스 반 데어 로에 파빌리온
스페인의 바르셀로나, 1929년

제1차 세계 대전이 끝난 후에 독일은 평화를 사랑한다는 이미지를 세상에 보여주고 싶었습니다. 건축가인 미스 반 데어 로에는 바르셀로나 만국박람회에서 물에 떠 있듯이 낮고 평평한 지붕이 특징인 독일관을 선보였어요. 세련되고 우아한 이 건축물에는 새롭게 나타난 국제주의 양식지역의 특수성을 넘어 세계공통을 지향하는 사조을 반영하는 고급 재료가 사용되었죠.

아토미움
벨기에의 브뤼셀, 1958년

브뤼셀에서 열린 세계 박람회에서는 철의 결정체를 이루는 9개 원자처럼 생긴 전시관이 등장했어요. 이는 1950년대의 원자력 시대를 상징하는 것이었죠. 동그란 '원자'마다 전시실이 있는데, 에스컬레이터가 있는 튜브를 통해 옆에 있는 전시실로 연결되었어요.

스페이스 니들
미국의 시애틀, 1962년

이 상징적인 탑은 우주에 빠져있던 1960년대 정신을 잘 보여줍니다. 높이 180미터의 모래시계처럼 생긴 탑의 꼭대기에는 비행접시 모양의 빙빙 돌아가는 식당과 전망대가 있어요.

멕시코의 대학도시

시기: 1949년~1952년
장소: 멕시코의 멕시코시티

멕시코 국립자치대학교UNAM에는 60명이 넘는 건축가와 예술가가 설계한 건축물이 모여 있습니다. 멕시코의 독특한 역사와 전통을 기능주의 개념과 결합해 만든 곳이죠.

기능주의는 사회주의와 관련된 20세기 중반의 철학입니다. 기능주의자들은 쓰임새에 따라 건축물의 겉모습이 달라야 하며, 사용자들의 생활 수준을 향상시켜야 한다고 믿었어요.

대학 캠퍼스는 화산암 지반 위에 지어졌습니다. 이렇게 특이한 지형의 캠퍼스 풍경은 대학 조성 계획에서 핵심적인 부분이었죠. 학생들에게는 교류 활동을 위한 야외 공간을 제공했어요.

이 대학은 1950년대 멕시코의 혁명정신을 반영해서 설계되었어요. 멕시코는 혁명정신을 통해서 독특한 역사에 뿌리를 둔 공정하고 평등한 사회를 만들기를 간절히 바랐습니다.

쿠바 국립예술학교

시기: 1961년~1965년
장소: 쿠바의 하바나

쿠바의 국립예술학교는 공산주의 혁명 지도자인 피델 카스트로와 체 게바라가 설립했어요. 이를 위해 3명의 젊은 건축가들은 운동 시설이 있던 옛 컨트리클럽 자리에 건축물을 설계해야 했습니다.

그들은 당시 유행했던 모더니즘 양식의 '화이트 큐브출입구 이외에는 사방이 막혀 있는 실내 공간'를 자본주의 건축이라고 여겼습니다. 새로운 공산주의 국가, 쿠바를 위한 신선하고 자연스러운 건축 양식이 필요했죠. 건축가들은 지역에서 생산된 벽돌과 타일을 쓰는 한편, 북아프리카 건축에서 영감을 받아 '카탈로니아 아치 천장' 기술로 붉은 돔이 있는 건축물을 만들었어요.

처음에 카스트로는 그 디자인을 매우 좋아했어요. 하지만 쿠바의 사정이 점점 더 어려워지면서 건축물에 관한 관심이 줄어들었고, 결국엔 예술학교와 건축가가 쓸데없다고 생각하게 되었어요.

콘크리트를 노출하는 소련의 브루탈리즘 양식이 쿠바에서 점점 더 유행하더니, 마침내 1965년에 예술학교 공사가 중지되었어요. 건축가들은 불명예스럽게 외국으로 도망쳤습니다.

건축물은 공사를 마치지 못한 채 버려졌다가 1980년대에 재발견되었고, 국가기념물로 지정되었어요.

시 랜치

시기: 1963년~1965년
장소: 미국의 캘리포니아주 소노마

시 랜치 바다 목장이라는 뜻는 캘리포니아 해안선을 따라 15킬로미터 길이로 늘어선 개인 주택 단지입니다. 건축가이자 개발자인 알 뵈케가 1963년에 땅을 구입해서 건축가 그룹에게 지역의 아름다운 자연을 반영하는 동시에 환경을 지킬 수 있는 집을 설계해 달라고 부탁했어요.

탁 트인 공용 공간에 크기가 작은 집 여러 채가 한데 모여 있는 형태로 지어졌어요. 커다란 창문으로는 바다 경치가 잘 보이고, 경사진 지붕은 강한 바람을 견딜 수 있습니다. 미국삼나무로 지어진 집은 튀어나온 처마나 불필요한 조명 없이, 주변 경치와 어우러진 느낌이 나도록 설계되었어요.

가장 눈에 띄는 건축물은 조각 작품처럼 지붕에 날개가 달린 시 랜치 예배당이랍니다. 예배당 안은 모자이크로 장식했고, 천장은 조개껍데기와 성게로 꾸몄어요.

시 랜치는 자연환경과 조화롭게 사는 공동체를 꿈꿨던 1960년대에 일종의 유토피아를 만들기 위해 설계되었어요. 시 랜치는 초기의 이상을 잘 지켜가고 있으며, 오늘날 환경 건축에 많은 영향을 주고 있습니다.

다카르 국제무역박람회장

시기: 1975년
장소: 세네갈의 다카르

다카르 국제무역박람회장FIDAK 은 다카르 시내 외곽에 위치해 있습니다. 이곳은 아프리카를 휩쓸었던 반식민지 운동의 결과물 중 하나로, 옛 식민지 시대 이후 지역 전통 건축과 현대적인 모더니즘 양식을 섞어서 만들어졌어요.

대부분의 아프리카 국가에는 건축학교가 없었기 때문에 이렇게 과감하고 새로운 프로젝트는 유럽 건축가에게 맡겨졌어요. 그 결과, 대개 그 나라의 현실이 아니라 그 나라에 대한 건축가의 인상이 반영된 건축물이 만들어졌습니다.

프랑스 건축가인 장 프랑수아 라무르와 장 루이스 마랭은 삼각형 지붕이 높이 솟은 콘크리트 건축물 20채 이상으로 이뤄진 아주 넓은 박람회장을 설계했습니다. 건축물은 산책로와 경사로로 연결되는데, 이를 통해 대각선 패턴이 만들어졌어요.

이 시기에 지어진 아프리카의 다른 많은 건축물들과 마찬가지로, 지역 주민들은 이곳을 좋아하지 않았어요. 건축물을 보면, 식민지 정책에 반대하는 게 아니라 식민지 시대가 계속되는 것 같았거든요.

아직도 일부가 행사장과 콘서트장으로 쓰이고 있긴 하지만, 많은 곳이 망가져서 사용할 수 없는 상태입니다.

생활을 위한 새로운 모델

건축가들은 늘어나는 인구에 대비해 저렴하면서도 편안한 집을 건설할 새로운 방법을 찾고 있어요.
지난 100년 동안 건축가들은 파괴된 환경을 복구하는 법, 좁은 공간에 집을 짓고 배치하는 법, 새로운 기술과 재료를 최대한 활용하는 법 등 다양한 문제를 해결해 왔습니다.

시테 라디외즈*
프랑스의 마르세유, 1947년~1952년

*주택단지라는 뜻으로 '유니테 다비타시옹'이라고도 불림 —역주

급진적인 건축가인 르코르뷔지에는 같은 건축물 안에 널찍한 도시주택과 상점, 식당, 운동 시설이 다 있는 고층 건축물을 설계했어요. 르코르뷔지에는 돈이 덜 들고 '숨김없이' 보여줄 수 있는 노출 콘크리트를 사용했는데, 이런 접근 방식을 브루탈리즘이라고 합니다.

해비타트 67
캐나다의 몬트리올, 1967년

젊은 건축가인 모쉐 사프디는 1967년 세계박람회를 위해 해비타트 67을 설계했어요. 이 건축물은 레고처럼 350개의 똑같은 조립식 콘크리트 상자를 요리조리 배치하고 차곡차곡 쌓아서 만들었어요.

임스 하우스 (사례연구 8)
미국의 캘리포니아주, 1949년

건축가인 찰스와 레이 임스 부부는 콘크리트와 조립식 강철로 만들어진 집과 스튜디오를 설계했습니다. 격자로 된 집의 뼈대는 원색의 판으로 나뉘어요. 일본 건축의 영향을 받은 임스 하우스는 주변 풍경과 잘 어우러집니다.

종이 통나무집
일본의 고베, 1995년

지진으로 일본 해안지역이 완전히 파괴된 후, 건축가 반 시게로는 집을 잃은 20만 명의 사람들을 위한 효율적인 해결책을 찾았어요. 반 시게루는 텐트 재료로 지붕을 얹고 종이 관으로 만드는 집을 설계했습니다. 종이 통나무집은 저렴하고 비바람에도 끄떡없으며 조립하기도 쉬워요. 재료는 나중에 재활용할 수도 있고요.

훈데르트바서 하우스

시기: 1983년~1985년
장소: 오스트리아의 빈

이 공동주택은 제각기 다른 색깔과 유기적인 형태, 모자이크 장식이 매우 멋지게 어우러진 건축물입니다. 직선은 하나도 보이지 않아요. 바닥조차도 삐뚤빼뚤하죠!

이 건축물을 설계한 프리덴슈라이히 훈데르트바서는 그림을 그리다 건축가가 되었습니다. 그는 '인간과 나무를 위한 집'을 만들고 싶었어요.

훈데르트바서는 건축가 요제프 크라위나와 함께 자연에게 받은 만큼 최대한 돌려주는 건축물을 지었어요. 900톤 이상의 흙이 녹색 지붕과 테라스를 만드는 데 쓰였습니다. 나무가 건축물 가운데를 뚫고 자라서, 나뭇가지가 창문 밖으로 삐져 나와 있어요.

창문은 모양과 크기가 전부 다 달라요. 주민들은 창문 아래에 있는 화단을 원하는 대로 맘껏 꾸미며 자연을 느낄 수 있어요.

훈데르트바서는 서양 건축에서 원형 기둥이 중요하다고 믿었어요. 그는 이렇게 말했습니다. '원형 기둥 옆에 있는 사람은 나무 밑에 있는 것과 같습니다. 원형 기둥은 아름답고 다채로우며, 비와 달빛 속에서 자연스럽게 빛나야 합니다.'

막 지어졌을 당시 훈데르트바서 하우스는 조롱을 받았지만, 지금은 건축과 자연이 잘 어우러진 건축물로 인정받고 있어요. 빈에서 가장 사랑받는 명소로 꼽힌답니다.

구겐하임 빌바오 미술관

시기: 1991년~1997년
장소: 스페인의 빌바오

구겐하임 현대미술관은 스페인 북부의 빌바오에 있는 네르비온 강변에 자리하고 있습니다. 길에서 미술관 옆을 바라보면 석회암과 유리로 만든 아주 평범한 건축물 같지만, 강에서 바라보면 미술관의 실체가 확실히 드러납니다. 드라마틱하면서도 날렵하게 휘어진 티타늄판은 배의 돛이나 물고기의 비늘처럼 서로 겹쳐져서 햇빛을 잘 받아들입니다.

미술관 안은 주변 경치의 특징들을 반영하고 있어요. 입구로 연결된 좁은 통로는 협곡처럼 생겼고, 구불구불한 통로는 강 모양과 닮았어요.

미술관 한가운데에는 프랭크 게리가 '꽃'이란 별명으로 부른 아트리움 현대식 건축물의 중앙 높은 곳에 유리 지붕을 얹은 넓은 공간이 있어요. 건축가인 게리는 표현적이고 조각 같은 접근 방식으로 건축물을 설계해서 유명해졌습니다.

구겐하임 빌바오 미술관은 가난한 산업 도시였던 빌바오를 매년 2천만 명의 방문객이 찾아오는 유명 관광지로 완전히 바꿔 놓았어요. '빌바오 효과'는 이제 도시의 운명을 바꿀 정도로 인기가 많은 건축물의 영향력을 설명할 때 쓰는 용어가 되었답니다.

베를린 유대인 박물관

베를린 최초의 유대인 박물관은 1933년에 유대인의 역사와 창의력을 보여 주기 위해 세워졌으나, 1938년에 나치로 인해 폐쇄되었어요. 50년이 지난 후 새로운 건축물을 위한 공모전이 열렸고 젊은 건축가 다니엘 리베스킨트가 우승했습니다.

시기: 1992년~1999년
장소: 독일의 베를린

리베스킨트는 옛 건축물 옆에 과감한 지그재그 모양으로 새 건축물을 설계했어요. 두 건축물은 지하 통로로만 연결됩니다.

'추방의 정원'은 경사진 면에 정렬된 콘크리트 기둥들로 이뤄진 정사각형 공간입니다. 기둥 위에는 수양버들이 심어져 있어요. 그 사이를 걷다 보면 방향 감각을 잃고 갇혀 있는 듯한 기분이 들어요.

건축물에는 약 20미터 높이의 텅 빈 공간이 쭉 뚫려 있어요. 이런 빈 공간은 독일과 유대인 역사의 중심에 있는 슬픔을 표현한 것입니다.

홀로코스트 타워는 높고 좁은 텅 빈 공간으로 냉난방 시설이 없어요. 지붕의 작은 틈새로만 빛이 겨우 들어오죠.

이 건축물은 기존의 건축 형태를 해체하고 조각조각 나눈 해체주의 건축으로 여겨집니다. 이렇게 조각내는 방식은 사람들에게 불안감을 불러일으키고, 그 결과 방문객들은 박물관을 관람하는 데서 나아가 감정적인 경험을 하게 됩니다.

예배를 위한 새로운 모델

2천 년 가까이 교회는 다른 어떤 건축물보다도 강력한 힘을 발휘했어요. 사람들이 어떻게 살아야 하며 어떻게 기도해야 하는지를 결정해 왔죠. 그러나 20세기 후반, 개인적인 신앙이 많이 나타나면서 기독교 건축 또한 새로운 형태를 찾기 시작했습니다.

구원의 산
미국의 캘리포니아주, 1989년~2011년

흙벽돌(어도비 벽돌), 타이어, 창문, 자동차 부품으로 만든 엄청난 크기의 작품이 언덕을 뒤덮고, 페인트로 쓴 성경 구절과 기독교 말씀이 새겨져 있어요. 괴짜 선지자인 레너드 나이트는 30년 동안 트럭 뒤에서 생활하면서, 자신의 신앙을 개인적으로 표현한 작품을 완성했습니다.

브라질리아 대성당
브라질의 브라질리아, 1958년~1970년

조각물처럼 보이는 이 대성당은 오스카르 니마이어가 설계한 것입니다. 곡선형의 콘크리트 기둥 16개가 하늘을 향해 열려있는 왕관 모양이에요. 콘크리트 기둥은 커다란 섬유 유리판으로 연결되어 자연광을 통해 성당 안을 밝게 비춰줍니다.

하들그림스키르캬
아이슬란드의 레이캬비크, 1940년

도시 위로 우뚝 솟은 이 표현주의 교회는 산과 빙하 같은 주변 경관을 닮았어요. 이는 자연과 예배를 연결한 것입니다.

마리아 순례교회
독일의 네비게스, 1968년

노출 콘크리트로 만든 브루탈리즘 교회로, 지붕이 삐죽삐죽한 수정 모양이에요. 교회 안의 주요 공간은 어둡지만, 스테인드글라스 창문으로 들어오는 빛이 예배를 드리는 제단을 인상적으로 비춰준답니다.

공항 건축

1950년대 후반에 이르러 해외여행이 흔해지면서, 전 세계가 연결되는 화려한 미래에 대한 흥분을 담은 새로운 공항이 곳곳에 지어졌어요.

오헤어 국제공항의 관제탑
미국의 시카고, 1970년

시카고 오헤어 국제공항의 항공 관제탑은 중국계 미국인 건축가 이오 밍 페이가 처음 설계한 건축물입니다. 페이는 자연 형태에 관심이 많아서, 얇은 기둥 위로 올라갈수록 넓어지는 모양의 항공 관제탑을 만들었어요.

선전 바오안 국제공항 터미널 3
중국, 2010년~2013년

급성장하는 도시, 선전에 있는 현대적인 공항은 날아다니는 듯한 쥐가오리 모양으로 설계되었어요. 반짝거리는 터미널 외관을 보면 순조롭고 힘들지 않은 여행을 경험하게 될 것만 같아요.

케네디 국제공항의 TWA 공항 터미널
미국의 뉴욕시, 1959년~1962년

이 미래형 터미널은 건축가인 에로 사리넨이 설계했어요. 지붕이 날개 모양이라서 저절로 날아갈 것만 같아요.

테겔 국제공항
독일의 베를린, 1974년

육각형 모양의 이 브루탈리즘 공항은 건축가의 미숙함과 이상주의를 보여줍니다. 효율적인 여행에 알맞게 지어졌지만, 매우 중요한 공항 보안과 쇼핑 시설을 고려하지 않은 탓에 지금은 사용되지 않아요.

SGAE 본부

시기: 2008년
장소: 스페인의 산티아고 데 콤포스텔라

스페인에 있는 SGAE 작가와 출판인 협회 본부는 2개의 면으로 된 건축물입니다. 반투명한 유리로 된 한쪽 면은 거리를 마주 보고 있어요. 공원과 마주하는 다른 한쪽 면은 겉으로 보기엔 커다란 석판을 아무렇게나 기울여서 층층이 쌓아 올려 만든 것처럼 보이죠. 그 모습이 마치 신석기시대 유물처럼 보이기도 해요.

앙상블 스튜디오의 건축가들이 돌을 역동적인 각도로 배치해서 건축물이 저절로 무너질 것처럼 아슬아슬해 보여요. 마치 원래 구조가 수수께끼로 남아 있는 고대 유적처럼 말이에요.

건축물은 하나의 조각처럼 보이고, 공원에서 바라보면 풍경과 하나라는 느낌이 들어요.

건축물 안에 있는 CD로 만든 벽은 들쭉날쭉한 돌담 사이로 들어오는 빛을 반사해요. 길고 좁은 건축물 양쪽 끝에는 경치를 바라볼 수 있는 2개의 커다란 창문이 있어요.

은신처

요즘 시대에는 공간을 확보하기가 힘들 수 있어요. 작은 공간을 최대한 활용하면서, 주변의 자연 혹은 도시와 재미있게 연관되어 있는 건축물들을 살펴볼까요.

드래그스펠허셋
스웨덴의 오르옝, 2004년

'아코디언 집'이란 뜻의 이 집은 놀랍게도 19세기 호숫가 오두막으로 변신합니다. 여름에는 크고 통풍이 잘되는 공간으로 넓어졌다가, 겨울에는 2개의 벽이 겹쳐진 누에고치 모양으로 줄어들어 따뜻하고 아늑한 공간이 됩니다. 자연 그대로의 도마뱀처럼 생긴 이 집은 삼나무 널빤지로 지붕을 얹어서 주변의 바위와 잘 어우러진답니다.

기생충 집
에콰도르의 키토, 2019년

이 작은 집은 옥상에 지어졌어요. 겨우 12제곱미터의 기생충 집은 아주 작지만 기본적으로 필요한 공간 화장실, 부엌, 침실, 거실이 다 들어가 있어요. 전 세계의 옥상에 저렴하게 만들 수 있는 견본주택이죠.

트러플 집
스페인의 칸다모, 2010년

이 집은 안팎을 뒤집어서 만들었어요. 우선 땅을 파고 건초로 채운 다음, 땅과 건초 사이에 콘크리트를 부은 것이죠. 콘크리트 껍질의 모양과 질감이 자연스러워서 마치 커다란 트러플송로버섯처럼 보여요.

파이널 우든 하우스 *마지막 목조 주택이란 뜻 —역주
일본의 구마모토, 2008년

이 은신처는 조각의 절반이 빠진 젠가 게임처럼 생겼어요. 기다란 직사각형의 입방체가 튀어나와 있어서 바닥이나 천장이 없어요. 사람들은 풍경처럼 그 위로 올라가기도 하고 적당해 보이는 나무토막을 사용할 수도 있어요.

건축 용어와 양식 설명

고전주의 건축
고대 그리스와 로마의 건축물에서 영감을 받은 건축.

고딕 건축
고딕 양식은 12세기~16세기 유럽의 로마네스크 건축에서 발전했어요. 높고 가느다란 건축물은 뾰족한 아치와 큰 스테인드글라스 창문이 특징이죠. 플라잉 버트레스는 흔히 건축구조를 지지하는 데 쓰였어요.

구성주의
1915년에 러시아에서 시작한 추상미술 경향. 기하학적이고 간소화된 양식으로 현대 산업 사회를 반영했어요.

그로토
자연적으로 만들어졌거나 사람이 물을 채워서 만든 작은 동굴.

기능주의
건축물의 기능이 그 건축물의 설계 방식을 결정해야 한다는 개념. 기능주의에 참여하는 구성원들은 사회주의와 관련이 많아서 건축을 통해 더 좋은 세상을 만들어야 한다고 믿었어요.

기둥-보 구조
두 개의 수직 요소기둥가 세 번째의 수평 요소보를 지지해서 그 밑에 커다랗게 열린 공간을 만드는 구조.

로마네스크 건축
6세기~11세기 중세 유럽에서 유행한 건축 양식으로 두꺼운 벽, 둥근 아치, 큰 탑이 있는 요새처럼 묵직한 건축 양식이에요.

모놀리식 건축
단일한 재료, 특히 바위를 직접 깎아 만든 건축물. 이러한 방식은 건축물 전체가 한 덩어리로 만들어진 듯 보이게 해요.

모더니즘
제2차 세계 대전 전후에 유행한 건축 양식으로 콘크리트, 유리, 철을 이용한 깨끗하고 단순한 선을 추구하고 장식요소를 거부했어요.

미나레트(뾰족탑)
이슬람 건축의 특징. 맨 위가 원형이나 원뿔 모양인 높은 첨탑으로 이맘종교 지도자이 사람들에게 기도하라고 이야기할 때 사용해요.

미흐라브
모스크 벽에 있는 반원형의 움푹 파인 홈으로, 기도하는 방향을 가리키는 부분.

바우하우스
미학, 기능성, 대량 생산의 개념을 결합한 새로운 접근 방식으로 건축 디자인에 많은 영향을 끼친 독일의 예술학교.

박공
경사진 지붕의 맨 끝에서 벽 위쪽과 만드는 삼각형 부분.

버팀벽
아치나 지붕 또는 둥근 천장의 무게를 지탱하기 위해 벽에서 튀어나온 지지대.

브루탈리즘
표면이 거칠고 마감처리를 하지 않으며, 콘크리트를 노출해요. 특이한 모양, 직선, 작은 창문을 강조하여 건축물이 더 크고 묵직해 보이죠.

비잔틴 건축
서기 527년~565년에 유스티니아누스 로마 황제가 다스리던 시기에 콘스탄티노플에서 나타난 건축 양식. 비잔틴 교회는 큰 돔과 정교한 모자이크가 특징입니다.

소목일
목공에서 나무를 깎고 다듬는 일.

신랑
신도들이 앉는 교회의 중앙 부분.

아르데코
1920년대와 1930년대의 미술, 디자인, 건축 스타일. 입체파와 추상미술을 통해 인기가 높아진 기하학적이고 모던한 스타일에 수공예와 고급 재료를 결합시켜 탄생했어요.

아치
양쪽에서 떠받치는 곡선이나 뾰족한 구조 부분.

아케이드
쭉 늘어선 아치를 기둥으로 지탱하는 형태의 공간.

어도비 벽돌(흙벽돌)
진흙과 찰흙으로 만든 벽돌을 가마에서 구워서 석회를 바른 벽돌. 이 방법은 선사시대부터 쓰였어요.

원형 기둥(둥근기둥)
기둥 밑바닥, 원통형의 기둥 몸체, 그 위에 있는 기둥머리로 이뤄져서 지지하는 기둥. 단순할 수도 있고, 장식적일 수도 있어요.

지구라트
고대 메소포타미아 시대에 계단식으로 만든 피라미드 신전.

처마
비로부터 벽을 보호하려고 외벽보다 바깥쪽으로 더 튀어나온 지붕 가장자리.

캔틸레버
벽에서 튀어나온 깃대처럼 지지대로 받쳐지지 않은 채 툭 나와 있는 것.

콜로네이드(열주)
쭉 이어진 아치를 지탱하며 늘어선 기둥.

토속 건축
일반적으로 집처럼 작은 건축물을 지을 때 지역에서 나는 재료를 쓰는 전통적인 건축 방법.

툇마루(베란다)
건축물의 2개 이상 면으로 둘러싸는 지붕 밑의 부분. 주로 외부와의 연결 공간으로 사용되어, 휴식이나 여가 활동에 쓰여요.

파고다(탑)
중앙 건축물 주위로 여러 개의 지붕이 층층이 쌓인 탑. 우리나라와 중국과 일본의 절에서 흔해요.

파사드
건축물의 외부주로 정면.

평면도
건축물에 있는 방의 배치.

포르티코
건축물 앞쪽에서 쭉 늘어선 기둥과 아치로 만드는 지붕 덮인 통로.

포스트모더니즘
모더니즘의 제약과 진지함을 거부하면서 색깔, 장식, 조각형태에 대해 자유분방하게 접근하는 건축 운동.

표현주의
제1차 세계 대전 이후에 등장한 건축 양식으로 전쟁의 공포와 이상적인 미래에 대한 관점을 보여줍니다. 건축가들은 자연의 형태에서 영감을 받아 콘크리트와 같은 새로운 재료로 감정을 불러일으키는 조각 같은 건축물을 만들었어요.

프리즈
조각을 새겨서 장식한 띠.

플루팅
기둥 축에 있는 세로 모양의 얕은 홈.

하프 팀버링
석재나 회반죽으로 메워진 목재 프레임.

해체주의
건축물이 부서지는 듯한 느낌을 주는 비대칭적이고 역동적인 모양을 만들기 위해, 형태와 부피를 활용해서 건축물을 '해체'하는 접근 방식.

환상열석
신석기시대 후반에 커다란 돌을 세워서 둥글게 만든 원으로 주로 북유럽과 영국에서 발견되었어요. 종교적 목적으로 쓰였다고 생각되지만, 확실히 아는 사람은 아무도 없어요.

찾아보기

ㄱ
가쓰라 리큐 39
게리트 리트펠트 58-59
고딕 건축 24-25, 86
공항 건축 80-81
구겐하임 빌바오 74-75
구원의 산 78
기능주의 62, 86
까사 바트요 52-53

ㄴ
네 개의 이완 20
네덜란드 58-59
노르웨이 26-27
노이슈반슈타인 성 48-49
누비안 피라미드 10
뉴그레인지 6

ㄷ
다니엘 리베스킨트 76-77
다르 알 하자르 궁전 56-57
다카르 68-69
다카르 국제무역박람회 68-69
대영제국 46-47
데 스틸 58
독일 48-49, 60
두칼레 궁전 30-31

ㄹ
랄리벨라 28-29
러시아 40-41, 54-55
루트비히 2세 48-49
르코르뷔지에 70
리트펠트 슈뢰더 하우스 58-59
리틀 모튼 홀 36-37

ㅁ
마리아 순례교회 79
만국박람회 60-61
말리 32-33
메로에 피라미드 10-11
멕시코 62-63
멕시코 국립자치대학교 62-63
모놀리식 건축 28, 86
모쉐 사프디 70
목재 골조 36, 86
목조 교회 26-27
무사 황제 32-33
무스타파 파샤 43
미스 반 데어 로에 60

ㅂ
반 시게루 71
베니스 30-31
베란다 38, 86
베를린 유대교 박물관 76-77
벨기에 61
보르군드 목조 교회 26-27
불교 13, 18-19, 39
브라이턴 파빌리온 46-47
브라질리아 대성당 79
브루탈리즘 65, 70, 79, 86
블라디미르 타틀린 54-55

ㅅ
산시성 현공사 12-13
생활을 위한 새로운 모델 70-71
샤르트르 대성당 24-25
삼 왕국 34
선전 바오안 국제공항 80
성 조지 28-29, 53
성 조지 교회 28-29
성화벽 41
세네갈 68-69

셀주크 투르크족 20-21
쇼토쿠 태자 38
수단 10-11
수원 44-45
수원화성 44-45
수정궁 60
스카라 브레이 7
스페이스 니들 61
스페인 52-53, 60, 82-83
시 랜치 66-67
시테 라디외즈 70
신사 38
신석기시대 건축 6-7, 83
실학사상 45

ㅇ
아야 소피아 14-15
아유타야 34-35
아토미움 61
안제교 16-17
안토니 가우디 52-53
알 뵈케 66
알제리 42-43
알제의 카스바 42-43
에로 사리넨 81
에이브버리 7
에티오피아 28-29
영국 6-7, 36-37, 46-47, 60
예멘 56-57
예배를 위한 새로운 모델 78-79
예수변모교회 41
오스만제국 15, 42-43
오스트리아 72-73
와카 족장의 집 50-51
요제프 크라우나 72
우르남무 왕 9
은신처 84-85
이라크 8-9
이란 20-21
이맘 야히아 무하마드 하이딘 56
이스파한의 자메 모스크 20-21
이슬람 건축 15, 20-21
이오 밍 페이 80
이춘 16
이탈리아 30-31
인도 22-23
일본 18-19, 38-39, 71
일본의 다실 39

ㅈ
장 루이스 마랭 69
장 프랑수아 라무르 69
전통적인 일본 건축 38-39
정약용 45
정조 44-45
조지 3세 46
존 내시 47
종이 통나무집 71
중국 12-13, 18, 80
징게레베르 모스크 32-33

ㅊ
찬드 바오리 22-23
찬드라 왕 22
찰스와 레이 임스 부부 71

ㅋ
카렐리아 40
카르나크 열석 6
카탈로니아 아치천장 64
캐나다 50-51
캘리포니아 66-67, 70, 78
쿠바 64-65
쿠바 예술학교 64-65
쿠시 10-11
키지 포고스트 40-41

ㅌ
타틀린의 탑 54-55
태국 34-35
터키 14-15
테겔 국제공항 81
트뤼스 슈뢰더 58-59
팀북투 32-33

ㅍ
포르타 델라 카르타 31
프랑스 24-25, 70
프랭크 게리 4, 74-75
플라잉 버트레스 24-25, 86
피델 카스트로 64-65

ㅎ
하들그림스키르캬 79
한국 44-45
해비타트 67 70
현명한 장인 41
호류사 18-19
훈데르트바서 하우스 72-73

세계의 놀라운 건축물

초판 1쇄 발행 2023년 11월 1일
지은이 피터 알렌
옮긴이 한성희 | **감수** 박재연
펴낸곳 Lunchbox | **출판등록** 제 2020-0091호
주소 서울특별시 은평구 통일로 660, 306-201
펴낸이 허선회 | **편집** 김유진, 김재경
인스타그램 seonaebooks | **전자우편** jackie0925@gmail.com

- 'Lunchbox'는 도서출판 서내의 논픽션 그림책 브랜드입니다.
- 잘못된 책은 구매하신 곳에서 바꿔드립니다.
- KC 마크는 이 제품이 공통안전기준에 적합하였음을 의미합니다.

지은이 피터 알렌 Peter Allen

영국에서 판화와 북아트를 공부했다. 민속 예술, 그림책, 우표, 인디 비디오 게임에서 영감을 받은 강렬하고 그래픽적인 캐릭터를 선보여 왔으며, 디테일한 관찰력, 상상력과 유머로 가득 찬 아동 도서 일러스트레이터로 유명하다. 이번 책에서는 장난스럽고 역동적인 스타일로 건축에 관한 관심과 열정을 표현했다. 암벽 등반과 자전거 타기를 즐기며 현재는 프랑스에 거주 중이다.

옮긴이 한성희

텍사스 A&M 대학교 석사과정에서 저널리즘을 전공했다. 현재 엔터스코리아에서 전문 번역가로 활동 중이다. 주요 역서로는 《종소리 울리던 밤에》, 《디즈니 라푼젤 아트북》, 《지구를 지켜줘! : 나와 우리, 지구를 돕는 그림책》, 《리키, 너도 구를 수 있어!》, 《작은 구름 이야기 : 태풍은 어떻게 만들어질까?》, 《으악! 다른 책에 갇혔어》, 《레츠 고! 월드 어드벤처 : 보드판 위로 떠나는 위험천만 모험》 등이 있다.

감수 박재연

아주대학교 문화콘텐츠학과에서 학생들을 가르친다. 서울에서는 불어불문학을, 파리에서는 미술사학과 문화인류학을 공부했다. 민기와 민재, 사랑하는 두 아이들과 뒹굴거리며 그림책을 즐기는 엄마이기도 하다. 지은 책으로는 《돌봄과 작업》(공저), 《미술, 엔진을 달다》 등이 있으며, 옮긴 책으로는 《모두의 미술사》, 《파리의 작은 인어》, 《샤샤의 춤》, 〈필로니모〉 시리즈 등이 있다.

Atlas of Amazing Architecture

Text © Peter Allen and Ziggy Hanaor
Illustration © Peter Allen

The moral right of the author has been asserted

First published in 2021

All rights reserved. No part of this publication may be reproduced stored in a retrieval system or transmitted in any form or by any means; electronic, mechanical, photocopying, recording or otherwise, without prior permission of the publisher.

KOREAN language edition © 2023 by Lunchbox an imprint of Seonae's Book
KOREAN translation rights arranged with Tiny Owl Publishing through Pop Agency, Korea.

이 책의 한국어판 저작권은 팝에이전시(POP AGENCY)를 통한 저작권사와의 독점 계약으로 도서출판 서내가 소유합니다.
신 저작권법에 의하여 한국 내에서 보호를 받는 저작물이므로 무단전재와 무단복제를 금합니다.